AF237259

Katharina Jäschke

Feierabend flügellos

Katharina Jäschke

Feierabend flügellos

Gedichte

Bibliografische Information der Deutschen Bibliothek
Die Deutsche Bibliothek verzeichnet diese Publikation in der
Deutschen Nationalbibliografie; detaillierte bibliografische
Daten sind im Internet über https://portal.dnb.de abrufbar.

© 2020 Katharina Jäschke - Alle Rechte vorbehalten

Umschlag: Annette Becker, www.beckerpunkt.de, unter
Verwendung einer Illustration von © Catrin/stock.adobe.com

Herstellung und Verlag: BoD – Books on Demand, Norderstedt
ISBN: 9 783751 980616

Wo aber Gefahr ist, wächst
das Rettende auch

Friedrich Hölderlin, aus „Patmos"

Ende ohne Anfang

Über Vieles ließe sich reden
Beginnen wir mit dem Gefühl
an einem Ende ohne Anfang zu sein
Aus den überquellenden Speisekammern dringt Modergeruch
Grausamer als ein Tier, das tötet, um zu überleben
ist der Mensch
Die blutigen Schlachthäuser stehen nicht still
Gestorben wird außerhalb unseres Blickfeldes
Der Himmel zeigt sein blaues Gesicht
Wären da nicht diese schwarzen Augen
der Belladonna-geweitete Blick
sie ziehen unsere Gedanken nach oben
Es stört uns nicht, dass wir mit den Knöcheln im Wasser stehen
Ein paar Jahre Geduld, und die Arche Noah
wir haben sie nie betreten
wird sich schon auf dem Trockenen wiederfinden

Noch halten wir uns auf wackligen Füßen auf der Bühne
deren Abrissdatum längst bestätigt ist
Noch erscheinen uns diese lebensgefährlich
geöffneten Augen vertraut

Geschürte Wut

Mein Haus mein Land meine Farben
bodenlos besessen
Zuflucht nur mit Zwietracht denken
blutig blind die Stadt bestiefeln
Hass in jede Fuge treten

Zu einer Hochzeit nicht eingeladen worden sein
und jetzt das Gesparte in Krieg investieren
Um jeden Preis die eigene Farbe retten
mit Hochdruckgesicht und aufgeblähten Adern
aber auch am Küchentisch mit der Familie beim Abendbrot
Unkrautbekämpfungsmittel auf Menschen sprühen
Geschwüre quellen aus dem faulen Schoß von Mutter Erde

Da laufen wir schon

Durch Worte allein wurde noch nie ein Berg versetzt
Auch ein Gedanke und selbst der Glaube allein helfen nicht
wenn die Wege verstellt sind
wenn Worte in den Hinterhalt führen
auf der falschen Fährte neue Wege unmöglich machen

Da laufen wir schon
Die Mauern sind wieder aufgebaut
Auf jeder Seite setzt man auf die Wahrheit der eigenen Worte
Wir hören, aber wir verstehen einander nicht
Da liegt nichts zufällig herum
Man schreitet zur Tat
Jedes Wort hat seinen Wert
Nicht nur die Buchhändler wissen um seinen Preis

Vorausdenken

Splitter liegen in der Luft
Noch haben wir uns nicht daran gewöhnt
die sicher gebauten Alpen, denen Hölderlin vertraute
sie gibt es nicht mehr
Wir wollen uns noch nicht daran gewöhnen
Wie sollten wir auch leben ohne den Wunsch nach Beständigkeit
vielleicht auch Frieden?
Was ist wirklich und was ist wahr?
Entspringt der Gedanke, dass diese Fragen in einem Gedicht
zu beantworten wären, nicht vielmehr der Sehnsucht
nach Ruhe in den eigenen vier Wänden?

Wo ist Prometheus, der uns sein Wissen
gegen den Willen der Götter gab?
Müssten wir nicht aus unserer Ruhehaut treten, lernen
zu unterscheiden zwischen Grenzen überwinden
und rücksichtslos, endgültig und Möglichkeit?

Könnten wir dann am Rand unseres Lebens den Tod akzeptieren
nicht erst, wenn er wirklich nicht mehr
totgeschwiegen werden kann?
Könnten mit ihm sprechen von Du zu Du bevor seine
knöcherne Hand die Klinke drückt, sein Atem kalt durch das
Schlüsselloch weht?
Wenn es vielleicht schon zu spät ist
ihm Handschuhe anzubieten, damit ihm etwas warm und er nicht
so schrecklich ausgezehrt -

Vielleicht wäre es noch möglich
durch die Hintertür zu verschwinden -
Denken, es war ja eh an der Zeit
sich eine neue Wohnung zu suchen

Die Fragen nehmen wir mit
An so Vieles haben wir uns gewöhnt
Was ist schon beständig?
Immer Vorausdenken muss man

Im Klassenzimmer und nichts gelernt

Kommunalwahl im Klassenzimmer
Wahlkabinen Bohnerwachs
Kumulieren Panaschieren
Schulwandtafeln Stimmenzählen
Angst für Deutschland
ach, du Schreck

Virologie

Was mit einem Handschlag beginnt, liegt morgen
auf dem Küchentisch
Dieses Essen hatten wir nicht bestellt
Aber der Teufel ist auch nur ein Mensch
Alles muss doch gedacht werden können

Während um die Ecke schon Patronen und Dynamit
gehamstert werden, sich Rechtsanwälte zur Klage in die
kleinste Schneiderei aufmachen
wächst der Teufelsvirus in jedem von uns
Ist es nur eine harmlose Erkältung oder schon Gelegenheit?
Um alles muss man sich selbst kümmern
um die Freiheit und das Geschäft

Es hilft kein Lamentieren, wenn einen dieser Virus befällt
Da nützt es nichts, sich im Haus zu verbarrikadieren
Grenzen zu schließen
Da bleibt keine Zeit mehr
um Brot zu backen und an die Nachbarn zu verteilen
sich zu fragen, wohin den Blick wenden
zu sagen, das haben wir nicht gewollt

Während man mit der Hand in der Tasche
nach einer Ausrede sucht
könnte man noch die Tür öffnen, gehen
mit dem letzten Brot in der Hand
Der Pakt mit dem Teufel wird grausam sein

Ruhelos

Unsichtbare Antennen immer auf Empfang
In jede Richtung unerhörte Lauschangriffe
Gedankenblitze senden
Gedankenfilme erfinden
Alle Flügel überweit aufgespannt
Atemzüge außer Kontrolle
Die naheliegenden Weichen sind gestört
Ein außerplanmäßiger Halt in jede Richtung
Das Ruhebrot wiegt unsagbar schwer

Fake News

Der Himmel ist grün
Ein Nationalstaat braucht keine Nachbarn
Mutterliebe raubt Frauen den Verstand
Im Pflegeheim fühlt man sich wie zu Hause
Trauer und Verzweiflung zählen nicht
Waffen schaffen nachhaltig Frieden
Das Glück liegt auf der Karte im Geldautomat
Alles ist möglich, wenn du nur willst, doch
wer Neues wagt, ist ein Idiot
Niemand lächelt ohne Grund
Rücksicht ist gar kein Wort
Eigentlich ist doch alles relativ
Zuhören ist Zeitverschwendung
Wer Zeit spart, ist froh
Der Geist braucht keine Ruhe

Entschleunigung

Beim Hemdenbügeln nicht so schnell bereit sein
für ein anderes Leben
sich gedankenleicht verführen lassen
sich ablenken lassen von Knopfleiste, Manschetten und Kragen

Beim Blumenblick aus dem Fenster nicht so schnell
an ein anderes Blütenblau denken
das doch immer möglich ist
sich sicherheitshalber einen Strauß auch in dieser Farbe binden

Nicht so schnell gedankenleicht fliehen nach
gerade vorbei, gestern oder morgen
sich ablenken lassen
weil es möglich ist

20

Blutunterlaufener Mond

Blutunterlaufener Mond knapp über dem Horizont, Sommer

Ich schreibe dir dies aus einer Zeit der gezähmten Farben, in der die Gewissheit Gewohnheit geworden ist. Wir vertrauen Fakten, Möglichkeiten und Mutmaßungen sind uns fremd

Die farblose Mondscheibe am Abendhimmel gibt uns Sicherheit Wir wissen um die entschlüsselten Koordinaten von Sternen und Planeten. Nichts stört die Spur der Satelliten, die zu unserem Schutz die Erde umkreisen
Vor unserer Zeit plauderte man mit unsichtbaren Engeln und leugnete die Grenzen der Dinge. Heute fürchten wir sie

Funkenregen und unendliche Räume sind uns fremd. Wir wissen um die Farben. Ein unerwartetes Knospengrün widerspricht der Erfahrung. Jedoch, blutunterlaufen steht ein Mond über dem Horizont. Trägt auf seinem Rücken ungeahnte Fragen die meine Grenzhaut nicht kennt
Darf ich mich ihnen anvertrauen?
Habe ich ein Recht auf eigene Farben?

Mut Hoffnung Trauer

Es ist doch erst Herbst und schon ist etwas erfroren
Es riecht nach warmen Waffeln im Eiscafé
In etwa gegenüber wird schon wieder ein Mensch erschossen
Nur die Namen leuchten noch von den Wänden

Wenn die Sonnenstrahlen es nicht mehr
bis zur Haustür schaffen, müssen wir
das Licht in unserem Herz in den Händen
halten, weiter geben

Für das Erschrecken in der Normalität sind wir zuständig
Auf der Straße liegt auch das Beste vom Mensch
Nicht nur Geld, angebissene Stullen und ein
abgebrochener Flaschenhals

Wenn man genau hinschaut, gibt es immer eine Möglichkeit
Jeder für sich
und vor der Mauer gemeinsam rücksichtsvoll
Ohne Sturmhauben und Maschinengewehr
Die Rüstung abnehmen, dass nicht, was drinnen lebt, erstickt

Umgestülpt

Noch immer sind unsere Tage wie ein Pullover auf links gedreht
Dass es einmal so kommen wird, wie es ist, haben wir doch
immer schon gesagt. Natürlich nicht gehofft, dass gerade jetzt

Im Garten blühen doch die Sträucher sonnengelb, Magnolien
entfalten ihre purpurfarbene Pracht, weiße Tauben fallen aus
dem ungetrübten Blau
Keine Wolke macht uns die Sonnenstrahlen streitig
Im Gartenzaun, der schon lange eine Steinmauer in robustem
Drahtverhau ist, siedeln doch wieder Insekten und hier segelt
ein Schmetterling

Nicht nur der Gartenzwerg steckt den Kopf in den Rasen
Auch wir treffen uns im Erddunkel dort
Davon unberührt gräbt sich ein Regenwurm aufwärts zum Licht
Ohne Frage hatten wir ein unverbürgtes Recht auf
Freiheit, Freizeit und selbstverständlich auch Glück
Kauften unbekümmert am Morgen unser Brot

Verpflichtet zu beinahe nichts glaubten wir, da wäre noch Zeit
So eine Weile immerhin. Und vielleicht auch nicht mehr wir
Noch sind die Tage auf links gedreht

Die Welt wird dauern

Kein Name und kein Zeichen wird von uns bleiben
Wenn uns die Farben und die Kraft
den Pinsel zu führen, genommen sind
übernehmen es die Wolken
Worte der Zuversicht in den Himmel zu schreiben
der gerade jetzt seine blaue Leinwand
bis weit über die Stadt ausgespannt hat
Es schmückt sich die Welt

Wenn wir schon mutlos geworden
schöpfen Pflanzen und Tiere tief Luft
Vielleicht auch ein Mensch, trotz Sorgen und Not
Die Welt weiß sich zu behelfen
Egoismus und selbstgefällige Farben sind ihr fremd
Krisenerfahren wie sie ist
weiß sie um ein Leben ohne Vorbedingungen
Was wir noch zu lernen haben

Mehr als nur überleben wollten wir
Das hat man jetzt davon
der Mond spiegelt sich in den ausgeleerten Straßen
Nie hätten wir diese Leere gedacht
übervoll wie alles immer war

„Die Welt wird dauern
Kein Name und kein Zeichen wird von uns bleiben"
Omar Chajjam, geb. um 1048 in Nischapur in Persien

Aussichtslos

Auf dem Gipfel des Berges ist uns schwindelig geworden
der unbegrenzte Blick über Wälder und Hügel
nahm uns die Sicherheit
Da meinten wir, Glück gehabt zu haben, als wir dem Jäger
die Tür öffnen konnten, weil er sich freundlich verhielt

Nun geht er in unseren Zimmern ein und aus
der bittere Geruch seiner Haut ist uns vertraut
Wir atmen schwer, schwarzgedüngt ist die Luft

Grausamer als ein Tier, das tötet, um zu überleben
fängt er die Sterne, füllt unsere Speisekammern, die zum
Grenzlager geworden sind
Auf seinem Hochsitz bewacht er unser Haus
Er greift nach dem Sternenmaß und richtet es neu
Er hat die Wege auf den Gipfel mit seinen Zeichen markiert
In Dornen und Gestrüpp hängt unser Herz

Zeitverschwendung

Zeitverschwendung
das Denken, sich Gedanken machen
Der gesunde Menschenverstand reiche doch
um den Tag zu bestehen
Und die Zahlen beherrschen von eins bis hundert
oder auch höher je nach Verdienst und Ambition
Eine passende Reaktion
Wenn alle es nur so verstünden wie
Man muss doch vernünftig sein und gesund
und Verstand von eins bis hundert oder so
Es ist doch schon alles erklärt und beschrieben und durchdacht
Man müsste sich nur noch erinnern, an den Verstand
und wie die Waage funktioniert, auf der
Mitmenschlichkeit und Gier
schon lange nicht mehr das Gleichgewicht halten

Krise, zum Beispiel

Minimal Musik
Auf ein Orgelfeuerwerk gehofft und jetzt dieser Ton
Diesen Ton wie die Ungewissheit aushalten
ohne sich die Haare aus dem Gesicht zu streichen
den Reißverschluss der Handtasche aufzuziehen
einen flüchtigen Blick auf das Smartphone
Warten
warten
warten
auf den nächsten Ton
Diesen Ton ohne Ende, aushalten
Wie einen Regenguss unter einem fremden Hauseingang
die sich verspätende Ankunft der Freunde
wie die Sorge und überhaupt
wie das Leben
Der nächste Ton wird kommen
die Spannung sich lösen
es wird wieder kräftig in die Orgelpedalen getreten
und Töne stürmen zum Fenster hinaus

Steigerung

Die Rüstungsausgaben werden erhöht
Gartenzäune, Grenzzäune, Deiche, alles wird erhöht
Gräben werden vertieft, stillgelegte Gruben reaktiviert
Wieder einmal wird nach Angst geschürft

Das Getreide steht reif und wartet auf den Pflug
Schmetterlinge stürzen sich auf den Sommerflieder
am Bahndamm ringt ein Fluss nach Wasser
Die Rüstungsausgaben werden weiter erhöht

Kein Geld zum Brücken bauen
Kein Geld für die Überfahrt
Wir sollten schwimmen, bevor man die Meere vermint

17. Juli 2019, AKK wird Verteidigungsministerin und fordert vier Tage später eine deutliche Steigerung der Rüstungsausgaben

Feierabend flügellos

Begegnung

Nichts fällt vom Himmel
Der Orkan wirft den Baum auf den Weg
und im Garten landet der Müll
Alles muss man selbst aufheben
Da erinnert man sich unvermittelt an den Besuch im Museum
dieses riesige Bild, Himmelsstürme, fassungslos kräftige
Farben, grün, blau und orange
Daneben stand einer, der dir in die Augen geschaut
und dich angelächelt hat, einfach nur so

Und wie man sich erinnert, dass einem damals diese Frage
ins Herz schoss, das Leben hätte doch auch
eine ganz andere Richtung
Nicht nur gestern sondern jetzt, weil es zwar zunächst
vom Himmel gefallen, aber man dann doch selbst
aufgestanden und gegangen ist

Wenn man besser aufgepasst hätte und rechtzeitig dieser Frage
begegnet wäre, die doch vom Himmel gefallen ist

Aus heiterem Himmel fängt etwas an
und dann müssen wir weiter
Aufheben muss man es

Eislaufen im Sommer

Eislaufen im Sommer
auf Straßen brüchig wie das Leben
Nur wenige stehen auf sicherem Eis

Da sind wir auf dem schmelzenden Eis
auf dem Wasser tanzend
das Ungewisse aushaltend
das Elend die Kümmernisse
das verzweifelte Gesicht
Da sind wir und die Welt

Das Zerbrechliche aushalten
nicht sofort fliehen
nicht sofort reagieren
auf dem Wasser Pirouetten und Sprünge üben
Tanzen lernen
Eislaufen im Sommer

Feierabend flügellos

Zwei gebrochene Flügel
abgelegt auf der Fensterbank
Es ist Sommer
vor der kreidebleichen Stadt spaziert nach Feierabend
ein flügelloser Engel tatenfroh über die Felder

Die Sonne hat ihr Feuerkleid abgelegt
zieht mit orangeroten Händen eine leuchtende Spur
über die Halme von, sich im Abendw nd
wie ein fliegender Teppich
einsilbig wiegenden, Gräsern

Hier ist dein Bett
flüstert der Engel
Es ist Abend
er springt mit ausgebreiteten Armen und flügellos
wird sanft vom Teppich zum Traumtor getragen

Vorratshaltung

Die blauen Flecke des Tages nicht in Stein meißeln
sondern vor dem Kälteeinbruch
rechtzeitig in den Keller tragen
Wein Keltern, Feigen trocknen, Honig schleudern
Zuversicht in Worte packen, Gefühle konservieren
Bereit sein, für bessere Tage

Im Anfang

Du fragst dich heute vielleicht, was ist mein nächstes Wort
wenn du die Welt siehst, heute so wie sie ist
Ist es ein Wort für Hass oder ein Wort für Frieden
ein Wort für Angst oder eines für Vertrauen
ein Wort für Zweifel oder für Liebe?
Wenn du auf dich siehst, heute so wie du bist
was ist dein nächstes Wort?
Und du musst dich entscheiden
und du fragst dich vielleicht
kann ich Liebe empfinden
kann ich Liebe für mich empfinden
lebe ich im Frieden mit mir und
kann ich mir vertrauen?
Im Anfang war das Wort
Und du fragst dich noch immer
heute, was ist mein Wort
Und du musst dich entscheiden
Dein Wort wird ein Anfang sein

Grafittigesicht

Was ist das mehr als ein Grafitticlowngesicht?
Eine rote Nase, die wund ist und trieft
Nasenbluten ohne Taschentuch
Andenken an eine Erkältung oder eine Schlägerei im Hinterhof?
Ein Clowndoktor auf der Kinderstation im Krankenhaus
der kleine Patienten zum Lachen bringt?
Wenn ich wüsste, was das ist
Mein Spiegelbild, bei einem peinlichen Gedanken erwischt?
Nur gesprayte Illusion, oder ein Fremder
der jetzt zu mir aus der Mauer tritt?

Musik ist das Unsagbare
Bedřich Smetana

Musik hat es besser
Wie könnte ich in einem Gedicht das Unsagbare
in Worte fassen?

Immer aufpassen muss man, dass da etwas zwischen den Zeilen
hängen bleibt und nicht nur tonloses Papier
So ein bisschen Musik zwischen den Zeilen
dass man eine Bassflöte spazieren sieht
ein Trompetensignal liest
dass sich eine Pforte öffnet und das Unsagbare
mit stolz geschwellter Brust unbewaffnet hereinmarschiert
Mitten ins Herz

Meditation über eine Werbewand

Es gibt sie noch, die Eintritt begehren in das Land des ewigen Lächelns, auch wenn in diesem Wunsch etwas Unmögliches steckt, kommt doch jedes Leben mit der Zeit etwas verbeult daher

Aber vielleicht kann uns der blondgelockte Engel auf der Werbewand an der Kreuzung dieser mehrspurigen Ausfallstraße weiter helfen. Dieser Engel, auf einem ungesattelten Pferd sitzend, im spitzenbesetzten Negligé, barfuß mit rot lackierten Fußnägeln, der uns im Sturm entgegen reitet: „Wir haben den Platz für ein perfektes Lächeln" ist seine Botschaft

Die Ampel zeigt rot und die Gedanken haben Gelegenheit, vom Engel, der wie eine Walküre, zu den Rheintöchtern und weiter zu Alberich, jenem hässlichen Nibelungenzwerg zu wandern, führt diese Straße doch zum Ufer jenes Flusses, an dem sein Liebeswerben von den Rheintöchtern verschmäht, er sich sogleich an das Naheliegende hielt: Gold und die Hoffnung auf unbegrenzte Macht

Die Ampel springt auf Grün und der Gedanke, was dies nun alles mit einem perfekten Lächeln und ob es überhaupt erstrebenswert und möglich sei, ist schon Vergangenheit

Gemäldegalerie Alter Meister

Da sitzen sie, Rembrandts Rubensfrauen, die eigentlich
an der Wand hängen, ihr Gleichgewicht gekonnt im üppig
goldverzierten Rahmen bewahrend

Weiß ihre sonnenentwöhnte Haut am Dekolleté, etwas gerötet
ihre fleischigen Arme, jedoch nicht von der Arbeit am
Wäschezuber, was ja auch schwer denkbar ist, mit diesen
samtrotschweren Hüten mit langer weißer Feder an der
Krempe. Das rotblonde Haar etwas gelöst und die Wangen
gerötet, was wiederum nicht verwundert in Gegenwart eines
ziegenbärtigen Satyrn, der nackt ist bis unter die Fußsohlen

Saskia vis á vis schaut selbstbewusst und eine Nuance empört
Sie mit ihrem Rosmarinzweig in der Hand

Über das Glück

Auch das müde Glück am Morgen warm einpacken
es an den winzigen Handschuhhänden halten
Auf dem Weg zur Arbeit dunkelnasskalt
Wartebereit auf die Straßenbahn
Die spitzen Ecken der Häuser sind noch im Nebel versteckt
Da riecht man unerwartet duftwarmes Backstubenglück

Kontinentalverschiebung

Über den Ärmelkanal will ich dir
durch den englischen Nebel winken
An der Zollkontrolle vorbei Küsse in der
Gepäckablage des Eurostars verstecken, sie dir bis nach
London zur Endstation am Bahnhof St. Pancras schicken

Über und unter dem Ärmelkanal geht es so hin und zurück
Wenn sich der Nebel lichtet, ziehen wir Auge in Auge
unser gemeinsamer Blick, mit der Kraft unserer Träume
ganz England bis zur Küste von Frankreich zurück

Mir geht es wieder gut

Mir geht es wieder gut
Ich habe tausend und eine Frage
Vorbei ist die Zeit, als ich glaubte
ich müsse auf alles jetzt und sofort eine Antwort haben

Mir geht es wieder gut
Ich nehme mir Zeit, meinen Atem zu fragen
und nicht Papperlapapperlapapp sofort
irgendetwas zu sagen

Ich habe immer noch Zweifel
doch achte ich auf sie
dass sie nicht wie Efeu wild wuchern in mir
die Freude am Leben ersticken

Ich bin nackt und voller Fehler
und es schmerzt mir beharrlich der große Zeh
doch ich putze meine Gefühle und durchlüfte mein Haus
ich sage meinen Sorgen: ich bin nicht ihr

Es geht mir wieder gut
Ich kann mich besser verstehen und
als lebendiges Kunstwerk sehen

Eine Handvoll Sommer

Was brauche ich mehr
als ein Kleid und den Sommer im Arm
Was brauche ich mehr
als ein heißes Wort an der Theke im Stehen
Was brauche ich mehr
als mit dir an der langen Hand quer durch die Stadt
als meinen Hausrat im Fahrradkorb spazieren zu fahren
Was brauche ich mehr

Möglichkeiten

(1)
Da steht er am Bahnsteig mit der Vollkornstulle in der Hand
bringt mit dem Salatblatt Farbe ins Spiel
knabbert sich durch die Wartezeit
Mit einem Lächeln in den Augen und ohne Handy in der Hand
Noch bin ich unentschieden
schwanke zwischen
Appetit auf etwas Warmes oder einem Mega-Eis
Schwarzärgern am Feierabend oder der
Möglichkeit auf ein Gespräch

(2)
Da läuft er mit kurzer Hose, grünem Jackett und blauem
Businesshemd. Rennt in Lederschuhen mit nussbrauner
Aktentasche unter dem Arm am Kirchturm vorbei und fliegt
mit dem Glockenschlag über die mehrspurige Bahnhofsstraße
landet sicher bei den Gleisen
Hier kann man was erleben
denke ich mir
wenn man sich aus der Haustür wagt

Eine Botschaft, vielleicht

Über die weite graue Fläche des Himmels zog ein Fahrrad mit apfelgrünen Rädern dahin. Auf dem Bahnhofsvorplatz mit den vielen schwerflügelig flatternden Tauben sah ich unerwartet, wie in Zeitlupe aber dennoch regenbogenschnell, ein Fahrrad vor mir. Ein junger Mann trat kraftvoll in die Pedalen, während eine junge Frau mit langen schwarzen Locken wie schwerelos auf der Lenkstange balancierend mit einem Klöppel auf eine Triangel schlug.

Wie ein startendes Flugzeug fuhren sie entgegen jeder Schwerkraft in den Himmel. Schneller und schneller drehten sich die apfelgrünen Räder. Wieder und wieder verbanden sich die Triangeltöne zu einer, mich bezaubernden Melodie, die mir wie eine Botschaft, von irgendwo her vertraut, erschien.

Weit über den Hochhäusern sah ich den Fahrradfahrer weite grasgrüne Kreise ziehen. Schon musste ich meinen Kopf weit in den Nacken legen. Die schwarzen Locken der Frau waren schon nicht mehr zu erkennen.

Silberhell legte sich die sonderbare Melodie, als würde sie rückwärts gespielt, auf die quietschenden Straßenbahnen und den hupenden Autoverkehr. Woran nur erinnerte sie mich? Die Menschen auf dem Platz gingen unbeteiligt ihrer Wege. Nur ein kleines Mädchen stand mit offenem Mund und zeichnete mit dem Finger Kreise in die Luft.

„Über die weite graue Fläche des Himmels..."
Michael Ende, aus: Der Spiegel im Spiegel, 1983

Es begab sich aber

Es begab sich aber zu der Zeit
Zauberhafte Zeit
wenn der letzte Karton ausgepackt und die Mülltonnen gefüllt
Zauberhafte Weihnachtszeit
wenn jeder genug, Geschenke vielleicht
Keine Eile, keine Angst namenlos zu lagern irgendwo
zu stranden an einem grenzhohen Zaun
Zauberhafte Zeit
wenn alle aufgenommen in einer Herberge
sich nicht mehr nachtsatt träumen müssen
Tagbrot in den Händen halten
Wenn alle Tränen eingesammelt und ein Engel
mit abgearbeiteten Händen
den Traurigen sanft über die Wangen streicht
Zauberhafte Zeit
So muss es gewesen sein
Ein Engel mit arbeitsschweren Händen
mit vertrautem Gesicht

Dieser luftige Halt

Von den kleinen Dingen

Hätte ich eine Antwort auf meine Fragen
Eine Antwort auf die wichtigen drei
woher, wohin, wozu
Eine Antwort, die auch morgen noch Antwort ist
auf eine dieser Fragen
Lass es doch, sagst du, alles rein hypothetisch
wie das „was wäre wenn" nach dem Lottogewinn
Doch ich frage nicht dich, ich suche meine Antwort
vorläufig, in den kleinen Dingen, zum Beispiel
im Herbstnebel über der Wiese
vielleicht in dieser blinden Frau, die stehen geblieben ist
um die Frühlingssonne auf ihrer Haut zu spüren
oder weil ich mich frage
warum dieser Unbekannte mich anlächelt
und da erst bemerke
dass ich selbst lächelnd durch den Tag gegangen bin
Hätte ich Antworten, die auch morgen noch Antwort sind
was bliebe mir noch zu tun

Sehnsucht

Sehnsucht nach Licht
Sehnsucht nach zu Hause
Nach Augen, die lachen und lebendig sind
Die etwas wissen vom Leben hinter dem Licht
Sehnsucht nach mehr
Nach Geschichten von den Farben und dem
was ist, hinter dem Licht

Hand in Hand

So könnte es sein, denke ich
Eine Hand in meiner
Eine Hand in etwa so groß wie deine
während wir gemeinsam am Ufer stromaufwärts
Ich die stumme Wut aus deiner Hand in meine
durch mich hindurch, in die andere Hand leiten lasse
im nächsten Atemzug in den Fluss schnipsen kann
wo sie wie ein flacher Stein über das Wasser hüpft
Was ich ihr gar nicht zugetraut hätte, diese Ausgelassenheit
So könnte es sein
Immer aufpassen muss man, auf eine Hand in deiner

Naheliegend

Erst einmal mir selbst Halt geben
und dann dir eine Hand
mindestens
reichen
Und wenn ich strauchele
auf deine Hand
vertrauen

Eine Hand ist immer frei

Wie es so geht, wenn man keine Hände frei hat
aber einen Berg bestiegen, einen Apfelbaum gepflanzt
drei Ampeln übersprungen und doch
die Abfahrt des Zuges verpasst hat
Wie es so geht
wenn man, ohne die Hände in den Schoß zu legen
einen Ausweg sucht, am Küchentisch sitzt und die Zeitung
überfliegt, beim Bäcker schnell vorbei, ein Brot unterm Arm
weiter eilt

Wenn die Hände zu schwer geworden sind
um einen flüchtigen Gruß über die Straße zu schicken
der Zeigefinger nicht mehr bis zur Klingel des Nachbarn reicht
dann ist es Zeit, auf das Licht zu schauen
das man doch irgendwie immer in den Händen hält
Ein Licht, das auch im Regen brennt
Da ist man nicht mehr allein
denn du bist bei mir, so nah wie das Licht
Eine Hand ist immer frei

Wie es sich fügt

Wie es sich fügt
wenn ich mich dir anvertraue
das ewige Wollen sein lasse
Mein Atem
Wenn ich das ewige Wollen sein lasse
wenn ich mich dir anvertraue
Mein Atem
Viel mehr als Stickstoff Sauerstoff Wasserdampf
Lebensenergie
Im Atem vor Anker gehen

Dieser luftige Halt

An manchem Tag zerfällt so ein Mensch
zerfällt so in Haut und Fleisch und Knochen
Ist doch so am Leben
Die Hände wissen nicht, was zu fassen
Augen und Ohren finden keinen Halt
Der Mund ist nur eine schleimige Höhle
von den aufeinander-gepressten Lippen krampfhaft bewacht
An manchem Tag da ist man am Leben
doch nicht viel mehr als eine ferngesteuerte Drohne

Und doch kann der Mensch gehen und sprechen
Der Spiegel sagt, ich verstehe dich nicht
alles ist da, das bist du
Und da liegt man dann in der Nacht irgendwann
wacht auf und findet vielleicht
den Atem, diesen luftigen Halt
der immer noch trägt

Schutzmantelmadonna

Dein Mantel fällt über den Liebsten und umhüllt
wo ich verwundbar bin
Dein Schutz segnet auch meinen Tag
Damit der Gesang des Morgenvogels meinen Atem führt
Dein Mantel mein Kleid
Mir Trost durch den Tag

Schutzmantel

Dich mit der stummen Trauer
der Scham und der Angst und den vertrockneten Tränen
Dich mit der erstickten Wut und den Eiskristallen
an den Händen
Dich mit den ausweglosen Träumen
nehme ich auf
Meine Arme halten dich
In meinem Schoß kannst du sicher ruhen

Wir beide wissen, wenn das Leben gefriert
wird nichts wieder so sein, wie es einmal war
Meinen Mantel habe ich wie eine Eishaut um dich gelegt
damit deine Blüte im Winter nicht erfriert

Selbstgefällig

Wenn alle so wie ich, jeder in seiner Blase
mit einem Spiegelkabinett innen, die Haut nur von außen bunt
Hier lässt sich die Mitte, zumindest ihre Koordinaten
da, wo man gerade steht, in der Luft finden

Durch ein virtuelles Fenster erfährt man die Welt
bequem ist´s auf der Coach, watteweich
wohltemperiert der Raum
Warum sollte man den Arm strecken
um auf Zehenspitzen den Fingernagel vielleicht
in die Haut der Blase, wie in einen Luftballon, zu stecken
Barfuß müsste man eigene Wege finden
mit Fußsohlen, die vom Laufen auf rissigen Planken entwöhnt

Grenzenlos

Der Abendwind weht Sahneduft
von den blühenden Kirschenbäumen
legt sich unsichtbar in die Schüssel mit Teig
Wir unterbrechen unser Gespräch

Unser Spiegelbild ernten wir
am Tag und nachts in unseren Träumen
Das erfrorene Herz kann den Abendwind nicht ermessen
Was uns bleibt, ist unsere Hände weit in den Raum zu werfen

Hätten wir doch rechtzeitig den Hefeteig gefragt
er hätte uns gelehrt
dass unbegrenztes Wachstum unmöglich ist
Zu klein ist die Welt für unsere Geschäfte

Leergefegt

Aus Angst vor Leere alles verstopfen
Jeden Zweifel, jeden Gedanken, jedes Wort
Türen und Fenster zweifeldicht gedämmt
Den Abflusskanal mit abgetragenen Worten verstopft
Alle Steckdosen hinter Versprechungen versteckt
Jede Verbindung nach draußen gekappt
Der Frühling wird kommen
doch sein Atem trifft mich nicht mehr

Jetzt wäre Zeit
für eine mutige Innenschau
für Gedankenwäsche durch Schweigen

Gedankenfrei

Sich Zeit nehmen für die Ewigkeit
Dem Unfassbaren die Tür öffnen
Es nie und nimmer in die Gedankenecke stellen
Wann wäre die Ewigkeit, wenn nicht
jetzt, jetzt, drei Mal jetzt
Wenn nicht jetzt, dann schon vorbei
unbemerkt aus der Hand gefallen wie ein Taschentuch

Sich Zeit nehmen für eine Handvoll Leben
Mit geschlossenen Augen Luftballons nähen
Das Unmögliche hier und da auf spitze Steine setzen
Einen Atemzug Ewigkeit
leben, leben, drei Mal leben
Wenn nicht jetzt, dann schon vorbei
unbemerkt wie ein Schlüssel in das Mantelfutter gerutscht

Einen Hauch von Ewigkeit
gedankenleer und frei und einfach sein

Schattenreich

Damit beschäftigt, alles im Griff zu haben
Schon vor uralten Zeiten das Märchenschloss gebaut
mit einer Teestube im Garten und einem Turm
und Mauern, daran Efeuranken, immergrün

Viele Türen in den Mauern, hinter dem Grün
Auf der anderen Seite Bougainvilleen an der Sonnenwand
Auf dieser Seite alles im Griff
Beschäftigt damit, den Efeu zu beschneiden
Zufrieden im gezähmten Heim, hinter einer sicheren Mauer
Keine Hand mehr frei, um eine Tür zu öffnen

Nachlässig

Es ist Frühling und Vögel brechen durch die Fenster
ihr Gesang hinterlässt keine Spuren
Man kann die Tür des Hauses öffnen
und ohne Schal spazieren gehen
Der Himmel kennt nur die Farbe Blau
Krokusse haben sich durch die verfaulten Blätter gebohrt
und die Sträucher in Weiß verströmen einen Hauch Jasmin
Man kann die Tür öffnen und gehen
Der Himmel trägt seine Farben
heute Aschgrau verrußt
Besser die Tür schließen und an den Einkaufszettel denken

Das Feuer ist aufmarschiert. Es dauert, es brennt
In der aufgeheizten Stimmung
könnten selbst Sterne ihr Ziel verfehlen
Versehentlich herabstürzen
Vielleicht fragt man sich
ob man nicht schon früher etwas hätte tun können
oder warum bloß ich

Schattengewächs

Die gewohnte Brücke ist zerstört
in ihrem Schatten wächst Liebe
ihr Halm ist grün

Abendorange glänzt die tuffsteinwarme Wand der Häuser
Lindenblüten duften, die Farbe des Ginsters ist Erinnerung
Mauersegler ziehen am Abend ihre Kreise
Händler ziehen Bilanz
Man rechnet ab mit dem Tag
Über den Fluss rufen die Glocken
Das im Schatten gewachsene Grün
fasst sich ein Herz und springt

Wenn die süße Schokolade salzig schmeckt

In den Tag gestolpert mit den von gestern
abgestandenen Fragen
Eine Laufmasche am Strumpf zu spät entdeckt
den Fleck auf der Bluse, das Make-up nicht perfekt
Wer hat meinen zweiten Handschuh versteckt
Keine Zeit für etwas Warmes
Mit leerem Magen aber, pflichterfüllt, aus dem Haus
Die Elstern im Baum, hoffentlich keinen Kot auf den Kragen
Zum Bahnhof in Eile und endlich ein Zug
Die Heizung defekt, die Sitze eiskalt und wie üblich verdreckt

Wenn die süße Schokolade salzig schmeckt, könnte ich mir
diesen angebrochenen Tag noch einmal von vorne denken
Der Wecker klingelt, das warme Bett, die Minuten neben dir
Frisch noch die Fragen vom Abend, am Küchentisch sitzen
gerade aufgebrühter Tee, keine kopflose Eile
Zum Bahnhof mit der Pflicht, die schläft in der Tasche

Unkrautherz

Ich bin bereit

Ich bin bereit
Aufgeben will ich nicht die Hoffnung
aber die Erwartung, dass etwas so sein muss wie

Aufgeben will ich nicht die Zuversicht
aber die Angst vor Enttäuschung, dass ich unangemessen
zügellos und unverhältnismäßig

Aufgeben will ich nicht die Freude
aber die Erwartung, dass ich einmal immer glücklich
angeblich so wie

Ich bin bereit
mein rechter Fuß berührt schon den Boden
der linke folgt und dann der erste Schritt

Ein Wort wie Liebe

Feuer über der Stadt, die nichts mehr gewagt
schon vor Jahren alles verloren hat

Du schaust zurück, Feuer im Fluss
versunken das Gold, die flüchtige Fracht

Feuer im Herz, verschwunden das Licht
das Wort hat sich im Dunkeln versteckt

Sich finden

Für M.

Die Bäume sahen uns an mit ihren krummen Ästen
auf der Erde häuften sich frisch gefallene Gedanken
Das sind wir zwei, sagtest du, und ich denke, in der Erinnerung
fehlt immer ein Stück, wie in der Wäsche immer ein Socken
Das sind wir zwei, sagtest du, und meintest diese Bäume
auf der Wiese vor dem Waldrand, die Mäntel ihrer Kronen gegen
den Wind wie Segel aufgespannt. Die Zwei

Abseits, allein, ihre Äste berühren sich nicht
Gemeinsam leben sie dort, und ich denke
während ich den vermissten Socken in der Bettwäsche finde
dass sich die Wurzeln dieser beiden wohl berühren
So muss es sein, so stehen wir dort
unsichtbar reichen wir uns die Hand

Das Paradies ist eine Rumpelkammer
wir finden Dornen für die Tauben
und aus Träumen geworfene Briefe, die jemand findet
Ein Bote ist immer zur Hand

Morgenfrüh

Sonnenstrahlen würzen mir den neuen Tag
Tauperlen mildern meinen frühen Schritt
Die Vögel sind verstummt
Die Mitarbeiter von Straßenreinigung und Müllabfuhr
stehen im *Full Service zuverlässig bereit*
die Spuren der Nacht zu entsorgen
Schaben rückstandslos von Gehwegen, von Straßen
Kaugummireste, ausgelutschte Worte und
nostalgieglänzenden Dreck
In Handarbeit und mit Maschinen
damit uns morgenfrüh kein Gedanke von Gestern ereilt

Kursiv: Aus www.elw.de, Januar 2013, Entsorgungsbetriebe der Landeshauptstadt Wiesbaden

Geräuschlos zerbricht

Geräuschlos zerbricht die goldene Kutsche am Ende der Straße
wo die Wege sich trennen. Aus aschefahlem Rauch schreiben
sich dampfende Worte in den menschenleeren Himmel
Sätze fallen wie ein Schatten in die Landschaft
tröpfeln wie Regen unter die Haut
Die Wolkenschrift ist mein Abendbrot
Sie schmeckt bitter und süß
Salzige Klänge feilen Gedanken zu Erinnerungen
Wie Gestern zerbrach

Sommerregen streichelt mit warmer Hand über den Asphalt
hinterlässt den Geruch von Straßenstaub und Weinbergserde

An einem kommenden Morgen werde ich dort
wo die Wege sich trennen und die Kutsche zerbrach
ein verloren geglaubtes Wort finden
Eines, von dem ich nicht mehr wissen werde
ob es wirklich mein Wort gewesen ist
Frisch gewachsenes Gras wird um das neu genähte Kleid
streifen und die Erinnerung an die goldene Kutsche
wird freigesprochen worden sein

Polizeibericht

Plattgefahren wie ein Kaugummi
so liege ich da
Von mir selbst überrollt
auf wahnsinniger Fahrt
Täter und Opfer
wir liegen beide da

Unkrautherz

Das liegt nicht an dem unrasierten Kinn und dass die Sonne
heute nicht durch die Wolken dringt
So ein ungepflegtes Herz kann einem jederzeit wiederfahren
wenn man einen Augenblick nicht aufpasst
Die Gärtner hatten frei und das Herz
tagein, tagaus, hat die Nacht hindurch getanzt und getrunken
Da klopft es jetzt
das Herz mit dem unrasierten Kinn
weiß nicht, dass es gebraucht wird

Souffleusen

Eingerahmt hinter Glas, auf der Kommode abgestellt
verblassen die Gesichter der Fotoparade
Verwischen Bilder und Gefühle, ruhen im Dachbodendunkel
wie Fledermäuse, kopfüber startbereit
tröpfeln in Gedanken wie in die Suppe, ein falsches Gewürz

Man schauspielert sich durch viele Rollen
versucht, sich neue Geschichten zu erfinden
Doch unsichtbar am Bühnenrand stehen sie, Erinnerungen
Verjährt aber nie vergessen, Schlüssel für eine verborgene Tür
Aus einem verbotenen Skript soufflieren sie

Spaziergang

Wir zwei gehen spazieren, ich mit mir
Schnurgerade am Deich entlang
Ich kann mich nicht verlaufen
aber die Gedanken, zügellos in mir

Ich möchte nur schauen, die Wellen, das Meer
aber sie plappern atemlos in mir
springen von gestern zu morgen was ich sollte, wollte
werfen non stop Bilder auf die Innenwand
schmieden Pläne und blasen sich auf
zerplatzen wie Seifenblasen, lösen sich auf

Wir gehen spazieren
Ich kann mich müde laufen aber sie quatschen und rufen:
Da, sieh! Auf dem Deich! Eine frischweiße Bank!
Hunde und Gedanken sind an der Leine zu führen
Wir bleiben
Ebbezeit, Schlickgegurgel, Möwen kreischen
Einfach schauen
Endlich kein Gedankenrauschen

Entrümpeln

Eine Stunde Regen, die für den ganzen Tag reicht
Ein Regen, der die Wolken
wie ein Mensch seinen Keller entrümpelt hat
Was sich alles an Tropfen in den hintersten Ecken findet
Die Straßen trocknen
und eine Drossel traut sich zurück auf den Ast
Drinnen sitze ich und blättere in alter Post

Schilfruhe

So sind wir Hand in Hand im wintervioletten Abendlicht
durch die Schilfruhe auf dem Bohlenweg bis zum Strand
gegangen
Haben Salzluft geschmeckt, wie Austernfischer und
Strandläufer am Spülsaum unser Abendbrot, einen Krümel
Erinnerung, gesucht
Während du über ein von Tang überzogenes Fischernetz
stolpertest, habe ich mich nach dieser perlmuttglänzenden
Muschel gebückt, mit meiner frierenden Hand sie tief in die
Manteltasche gesteckt
Dann haben wir uns Hand in Hand dem Nordostwind entgegen
den schmalen Weg zurück zum Hafen getrotzt

Die Schilfruhe verblieb vor den Toren der Stadt
Unter der Haut die Sehnsucht schwelt wie Feuer im Moor
Der Straßenasphalt und das Deichgrün
sind sich immer noch fremd
Wir schreiten andere Wege nach Strandgut ab

Meinen Schilfruhmantel habe ich heute in die Reinigung
gebracht, da ist diese Muschel aus der Tasche auf den Tresen
gerutscht
Jetzt liegt sie in der Septembersonne und trocknet sich die
Ohren
Die Erinnerung an den Geruch des Meeres, das violette Licht
und an deine Hand würzen meinen Tag

Das Leben geht weiter

Mutter
die Eishaut hast du dir angezogen
aber was bleibt einem auch übrig
wenn der Tod aus jeder Ritze kriecht
seine herzlose Fratze zeigt
Man muss doch leben, wenn man jung ist
Da will man doch
Wenn man schon nicht träumen darf

So ein bisschen Glück
wie die anderen doch auch
Und früher
Das muss doch drin sein und so eine Eishaut hält
schließlich auch im Sommer
mit drei Kindern an der Hand

Kein Ende finden

Da steht man mitten im Tag und stellt fest
verlaufen habe ich mich
Es ist, als stecke man in einem anderen Leben
Die Haut ist viel zu eng, von den Schultern hängen die Arme
Für das, was die Augen sehen, findet sich kein Haken im Kopf
Irgendwo hat man die Abzweigung verpasst
ist einfach geradeaus weitergegangen

Da läuft man dann durch Straßen
deren Namen man nicht kennt
Wartet an Haltestellen, bis man
einen Bus mit vertrautem Fahrtziel entdeckt
Das kann doch nicht sein, dass man einfach geradeaus
Jetzt steckt man hier fest, sieht kein Ende
Zu allem Überfluss ist der Himmel auch noch grün
die Wolken kleben wie Kaugummis auf den Straßen

Da spotten die kleinen Zahlen zwischen Null und Eins:
Du hast dich verlaufen in der Zeit, die auch kein Ende findet
Sie kennen sich aus, die kleinen Zahlen
mit den unzählbaren Möglichkeiten
mit der Unendlichkeit, ohne Ende
können sie geteilt und gebrochen werden
Sie kennen ihren Wert

Orientierungslos

Man sagt
Seeleute aus Triest hätten der Kirche St. Hieronymus auf dem
Berg Nanos in früheren Zeiten jährlich Öl gespendet
damit im Glockenturm jener Kirche
zu ihrer Orientierung
jede Nacht ein Licht angezündet werden konnte

Jetzt frage ich mich
was, wofür und wohin
müsste ich heute spenden
damit zu meiner Orientierung
sichtbar in jeder Nacht
ein Licht angezündet werden könnte

Alles rennt

Noch steht der Weinstock mit kahlen Beinen
in seinem immerhin grün geschnürten Schuh
Niemand kann sich hier verstecken
Alle warten auf den Startschuss
Dann gibt es kein Zurück, alles rennt
wächst und reift den Sommer lang
kurz vor dem Ziel
fallen Trauben in die Kelter
Federweißerduft fließt aus den Kellern
Trester wird zurück in den Weinberg gefahren und
Traubensaft liegt erschöpft im Fass

Mehr als die Welt getragen

Unter der alten Steinbrücke am Ende des großen, nachtwärts dunkelgrün schimmernden Sees, stand ich, das geliehene Boot neben mir, wie so oft im Sommer und wartete. Ich hörte den vertrauten Glockenschlag der kleinen, von einer niedrigen Mauer umgebenen Kirche direkt an der Brücke über mir, ihr Innenraum und die dem See zugewandte Außenmauer in mehreren Schichten mit Fresken bedeckt. Ich wartete, dass sich der Vollmond in der Mitte des Sees auf das Wasser gelegt und seine milchweißen Arme weit ausgebreitet haben würde und sich die dann mondfein schimmernde Oberfläche in kleinen Wellen, wie durch einen ins Wasser geworfenen Kieselstein, kräuseln würde.

Geräuschlos ließ ich mein Boot, gerade groß genug für mich und den Mond, in das Wasser gleiten und ruderte hinaus. Wie schon so oft wollte ich dem Vollmond in sein verschwiegenes Ohr flüstern, ihm die Summe meiner Tage erzählen, damit er sie einträgt in das Buch aller Zahlen.
Wie ein geübter Schwimmer lag er auf dem Rücken, kratzte mit seinen großen Zehen an der Wasseroberfläche und ließ sich nur scheinbar ziellos treiben.

Auf unbestimmte Art erschien er mir heute unruhiger als sonst. Seine Konturen leuchteten fieberschwach und mir war, als erschüttere ihn ein unhörbares Beben. Ich ruderte, jedoch etwas, das kein Gegenwind war, hielt mich davon ab, mich ihm heute zu nähern. Schon meinte ich, meinen Mund an sein Mondohr legen zu können, aber meine Lippen schluckten nur Wasser.

Ich hatte die Ruder in das Boot gelegt und wartete. Als ich zurück zum Ufer blickte, sah ich Christophorus, der doch eigentlich nur ein Fresko an der Außenwand der kleinen Kirche an der Brücke war, wie er seinen langen Stab in die ausgetrocknete Erde stemmte und ohne Kind auf den Schultern mit schweren Schritten zum Seeufer lief. Er, der gewohnt war, Menschen auf seinem Rücken über einen gefährlichen Fluss zu tragen, stand ruhelos wie ein Mensch, den es hinauszieht und drängt, aber der nicht schwimmen kann. Er stand und ich glaubte, seinen fliegenden Atem zu hören.

Noch einmal wendete ich mein Boot, doch es wollte mir nicht gelingen, mich dem Mond zu nähern. Da sah ich Christophorus, diesen Riesen, mit seinem Stab durch das Wasser schreiten. Seine großen Hände sammelten behutsam die mondweißen Flecken von der Oberfläche des Sees und steckten sie sorgfältig in sein altes Gewand. Nur noch wenige Schritte und er hatte den badenden Mond erreicht. Er hob ihn sanft auf seinen Rücken. Sicher trug er ihn auf die andere Seite des großen, nachtwärts dunkelgrün schimmernden Sees.

Zurück am Ufer vertäute ich mein Boot unter der steinernen Brücke und lief nach Hause, an der Kirche vorbei, deren Fresko an der Außenwand ich in der mondlosen Nacht nicht erkennen konnte.

Christophorus

Die verdrehte Bettdecke und das Leben
hindern mich, aufzustehen
Dies Leben, das mir gestern über den Weg gestolpert ist
Durch das Fenster schiebt sich eine geöffnete Hand, wächst
wie ein Regenbogen, berührt meinen Arm
Das ist doch er, da draußen, wartend
unermüdlich unterwegs, von einem Ufer zum anderen
Die Hand verblasst

Da stehe jetzt ich am Ufer
Warte auf ihn
Dass er mich auf seine Schultern hebt und sicher trägt
durch Tiefen hinüber, durch diesen Tag

Die Kraniche wissen Bescheid

That does not pay
Das rechnet sich nicht

Jeden Tag würzen mit einem Satz
Das rechnet sich nicht
Wie einen Pflug gnadenlos durch die Erde ziehen
Das rechnet sich nicht
Angstschneisen graben ins Gemüt
Das rechnet sich nicht
Frischluftfenster mit Brettern vernageln
Das rechnet sich nicht
Schwarzerde pflügen
den Blick gesenkt
Mit jedem Atemzug an Geschäfte denken
Die wehrlose Erde gewinnbringend zu Markte tragen
Das rechnet sich nicht
wiederkäuen und in jeden Gedanken zwingen
Mitgefühl rechnet sich nicht

Noch rechnet Liebe nicht
Noch behalten die Stare den Überblick
sammeln sich auf Stromleitungen vor dem
Abflug zum letzten Zug

Ausweglos

Wenn die Insel, auf der wir leben, zu klein geworden ist
nur noch ein Fuß Platz und wir, wie ein Storch auf einem Bein
warten, mit geöffnetem Mund. Was uns bleibt

Aber was hilft das, wenn die Fische gegangen sind
Störche können fliegen. Hilflos sehen wir ihnen nach
wie sie zielsicher ihre langen Wege nach Süden ziehen
Uns bleibt, die gierigen Münder zu schließen
von einer helfenden Hand zu träumen, dass wir
auf Flügeln getragen, zu einem anderen Ort gerettet werden
Zu schwer ist unser Gepäck

Insel

Es steckt was Trauriges im gierigen Blick auf das Leben Anderer
als ob das nicht schon genug wäre, sich im eigenen Revier
nicht wohl zu fühlen in seiner Haut
Nicht, dass man sich auf der blauweiß schwimmenden Erde
nicht auslaufen könnte, und es ist ja auch nicht die Angst vor
dem Schmelzen der Gletscher, sondern, traurig genug,
noch immer die Sorge um die lockere Gehwegplatte vor der
eigenen Haustür
Es nutzt sich nicht ab, das Rufen nach etwas, das da nicht ist

Alle Möglichkeiten einer Häutung hat man verspielt
Es ist Zeit, auf den eigenen Schritt Acht zu geben und an die
ursprüngliche Quelle zu gehen, wenn man durstig ist
Jetzt wäre noch Zeit, sich an die im Grunde offensichtlichen
Gedanken zu gewöhnen, die doch immer münden in diesem
unergründlichen Meer

Nach dem Gedicht „Insel" von Judith Herzberg

Weltenretter

Selbstverständlich will sich die Welt nicht retten lassen
zwischen Tiefgarage und Tagesschau, Zähneputzen zwei Mal
am Tag, Mülltrennung, Brot einkaufen, Fahrraddemo,
Arbeitsalltag und Betten beziehen

Während man noch bedenkt, ihre Fassade zu retten, hat sie
längst die Reste ihrer Haut zum Räumungsverkauf auf die
Straße gestellt
Wir mühen uns vergeblich, ihr wundes Fleisch zu retten

Wolkenreich

Was war das damals, als man ohne Punkt und Komma
Schäfchenwolken in den Himmel geredet hat
Mit geschlossenen Augen, die Ohren gespitzt
in die Luft gesprungen
bis man neben dem Schmetterling auf dem Wolkenkratzer saß
Es war Frühling, es war wie immer

Der Blauglockenbaum blühte, von allem politischen Geschehen
unberührt, und ein Bus fuhr vorbei
Noch atmete der Baum, seine Zeit lief ab
Noch einmal holte er tief Luft
läutete seine Blüten im Sturm
Es war wie immer, als wenn das etwas hilft
Denn die Menschen im Bus trugen alle die eigenen Nachrichten
in den Taschen, randvoll gestopft

Hexenprobe

Die Meere sind ausgefischt
Jetzt werden Menschen ins Wasser gesetzt
Tag für Tag, in Käfigen mit Geld beschwert
um Spuren von Leben zu orten
Der Grund ist mit Unrat bedeckt
Menschen in Käfigen
für den finalen Abspann im Wasser versenkt

Regenschirmwarten

Aus allen Wolkenträumen hat es geregnet
und ließ niemanden trocken
Nur der Schirm, unter dem wir standen rettete das Bild
das unser Auge am nachtfinsteren Tag gesehen hat
Etwas zerbrach und dann kamen nur noch Tage ohne Zeit
Die Menschen sind wie Fledermausschatten
hin- und hergehuscht

Kein Krug ging zum Brunnen
Was uns blieb, war die Spitzen des Regenschirms zu zählen
Eine ungerade Zahl, das immerhin war gewiss
Und wir zwei nicht allein

Aus allen Wolkenträumen regnet es
Unter dem Schirm warten wir auf den einundvierzigsten Tag
Wir werden Fliederduft riechen und ein Vogel singt auf
einem Ast, sofern
eine Welt mit Sträuchern und Bäumen noch möglich ist

Jahresabschluss

Jahresende, Winterschnee
Abfalltonnen Autodächer Bürgersteige Straßendreck
Zum Jahresabschluss alles weiß, gnädig bedeckt
Stille Zeit, die Straßen sind leer
Sterne funkeln, die Nacht ist klar
Bis zum Feuerwerk
Neujahr
Der Schnee schmilzt
Unverändert zeigt sich der alte Dreck

Auftritt

Da steht der Mond und glänzt. Steht und glänzt hinter dem Baum, der sich bewegt wie ein animierter Scherenschnitt. Sich bewegt mit seinen spinnwebdünnen Ästen, die Fingernägel in Spiralen aufgerollt

Grüngelb leuchtet das Morgenlicht. Leuchtet, jedoch der Mond lässt sich nicht von seinem Platz vertreiben. Nicht vertreiben lässt er sich, so kurz vor Vollmond

Glänzend hat er sich in Szene gesetzt. Gerade erst hat er den Morgenstern schlagfertig seines Weges verwiesen und mit seinem Kratermund einen Flugzeugschatten verspeist

Da steht der Mond, behauptet bis Mittag seinen Platz. Steht und behauptet sich, holt tief Luft hinter einer flüchtigen Wolke. Tief Luft holt er und hat sich erneut, wie eine Postkarte an die Pinnwand, fest an den Himmel gesteckt

Da steht der Mond und glänzt. Wo sollte er auch hin, so ein paar Tage vor Vollmond mit seiner runzligen Haut und den vielen Beulen im Gesicht

In Erinnerung an die Dauerausstellung im Tübinger Stadtmuseum „Lotte Reiniger - Die Welt in Licht und Schatten: Scherenschnitt, Schattentheater, Silhouettenfilm"

Sanduhr

Was wäre die Sanduhr ohne den Sommer
ohne Erinnerungen an Barfußlaufen am heißen Strand
Nordseepriele und Salzluft in den Poren

Die Sorgen Ebbe und Flut übergeben
Die Sanduhr wird gedreht

Es ist Herbst. Die Bäume stehen ohne Laub
die Ernte ist eingebracht, der Acker gewendet
Blumenzwiebeln und Zuversicht sind in die Erde gesteckt
Die Sanduhr läuft

Die Kraniche wissen Bescheid

Barfuß auf den Sommer warten, auch wenn Winterregen die
schweren Stiefel aus dem Keller spült. Es ist zu früh, um den
warmen Sand von den Fliesen zu fegen. Vielleicht fällt noch
einmal Schnee und das flache Grün des sich vor dem Zugfenster
ausbreitenden Marschenlands wird sich weiß färben

Also in der Kälte ankommen, die immer mitreist im kleinen
Gepäck. Von den Bergen bis zu den Deichen um dort, als hätte
sie keine andere Wahl, in das Meer zu steigen

Die Kraniche wissen Bescheid, achte auf ihren Ruf

Man muss es ja nicht gemütlich finden, doch immer auf den
kleinen Zeh aufpassen. Man könnte ja in der Dämmerung, zur
Mittagszeit, einmal auf der Eislaufbahn mit blitzblanken
Händen kopfüber Pirouetten drehen. Sich am Abend dann, noch
schwindelwarm, unter der Bettdecke verkriechen und
träumen, dass man bei geöffnetem Fenster wieder vom
Vogelgesang, noch vor dem Wecker-klingeln, erwacht

Spätsommer

Grillen im Garten
die mit dem Zirpen und das mit dem Geruch
Mückenstiche
Wespenterror
Die Mauersegler schon verreist
Solarlichter im Garten
Die Luft noch vom Tag aufgeheizt
Vollmondnacht
Eine Fledermaus kreuzt
Sirius hat es über den Horizont geschafft
Das abgeerntete Feld
im Weinberg Betrieb
Äpfel und Walnüsse ernten
Marmeladengläser zählen
Vorsorge treffen
Im Spätsommer und so weiter

Sie hat getanzt

Etwas schwerfällig schwebt die Trauerbirke mit ihrem
bodenlangen Kleid frühlingsblass über den Rasen. Im
Kurhaussaal hat sie die Nacht hindurch getanzt
Hat trotz ihres Alters das Tanzbein geschwungen

Hat die Führung eines vom Internistenkongress übriggebliebenen
stark kurzsichtigen Herrn zunächst sehr genossen. Bis dieser
Restposten mit steigendem Pegel an Blutalkohol mehr und mehr
des Halts ihrer knorrigen weißen Arme bedurfte

Da hat sie sich dann doch wieder für ihren Platz auf der Wiese
entschieden. Das ist ihre Bühne
Hier steht nur sie im Scheinwerferlicht

Landschaftsbild
Main-Kilometer 3,2

Der Himmel ist eine Blutorange und die Wiese hat sich ihr
grünes Bettlaken noch einmal bis weit übers Kinn gezogen
Zum Aufstehen ist es noch zu früh, gerade erst werden die
Pendler über den Fluss zur Arbeit gefahren
Der Auwald steht bis zu den Hüften im Nebel
Wir brauchen uns nicht zu sorgen, dass der Wald brennt

Das Landschaftsbild ist nicht menschenleer, doch der letzte
Haltepunkt schon Vergangenheit, von den Bahnsteiglampen
tropft Orangenblut. Da steht einer mit beiden Händen in den
Taschen und mit einem Lächeln am Morgen. Eine Vogelstimme
bittet um ihre Aufmerksamkeit
In diesem Augenblick fährt der Zug über die Stahlfachwerk-
Bogenbrücke. Im Baumhaus wird der Frühstückstisch gedeckt
Hart wird das Erwachen für die Wiese sein
Alles ist getränkt in Ölfarben satt orangenem Licht

Herbst ist besser

Herbst ist besser als Winter
so mit Schnee und Eis und frierenden Händen
und die Nase rot und immer mit einem Taschentuch

Herbst ist besser
die Weinberge farbenbunt
und die Trauben hängen bereit
und Kürbisgelb leuchtet und Bohnen an der Stange
und immer noch ein paar Tomaten am Strauch

Herbst ist besser
da sind die Ohren noch nicht eingepackt
und nur das Mitgefühl bekommt rote Wangen
Herbst ist besser
Frühling auch
Wir überspringen den Winter

Es ist ein Kommen und Gehen

Frühling
Mit dem Sturmwind ausbrechen aus dem Winter
Tröstlich, wie jedes Jahr
Krokusse und Narzissen ihre Nasen aus der Erde stecken

April
Schwarzregen und von irgendwoher Licht
Der Himmel weiß noch nicht, was er sagen soll
hinter einer verspiegelten Hochhausfassade versteckt

Aus dem Wald kommend, siehst du das blühende Rapsfeld
und denkst, so liegt meine Zeit vor mir
Wenn ich nur die Farbe und diesen Geruch ein paar Tage
in den Händen haltend, bewahren könnte
Dann müsste es doch reichen, für einen weiteren Weg
über die Wiese und vielleicht zurück zu mir

Juni
Störche auf dem Hochspannungsmast, Nest an Nest
Wohnungsnot im Ballungsraum
Der Hausrat liegt auf der Wiese
Im Spinnennetz trocknet ein roter Strumpf
Der Flieder am Bahndamm ist verblüht
Ein Vorortzug zieht menschenleer
Während ein Heißluftballon in den Himmel startet
gleitet ein Storch hinab auf die Wiese
Eine Heuschrecke bringt sich in Sicherheit und
der Maulwurf gräbt seinen Kopf blitzschnell in die Erde

Hochsommer
Die Schilfruhe vor den Toren der Stadt und die Nacht
den späten Vögeln lassen
Alle Fenster geöffnet, niemand lebt allein

Herbst
Das letzte Blatt fällt
Die kahlen Wälder winken
Nach dem ersten Sturm das Dach stopfen
Himmelsflocken tropfen in mein Zimmer
Die Gräser erholen sich
Entspannen ihren gepeitschten Rücken

Winter
Sternstunden für den Weihnachtsbaum falten
Schneeverwehungen quälen sich durch den Kopf
Erinnerungen stürzen von den Dächern

Rotweinrot glüht der Himmel am Morgen
Früher erzählte man sich, dort glühe ein Feuer im Herd
Engel backten Plätzchen und Brot
Diese Backstube ist heute verbrannt
Flammen fallen auf die Erde
Feuerwehrleuten sind die Hände gebunden

Inhalt

Wo aber Gefahr ist, wächst das Rettende auch

Feierabend flügellos

Dieser luftige Halt

Unkrautherz

Die Kraniche wissen Bescheid

Lesegärtnerei

Dieses Buch ist meinen 25 Leserinnen und Lesern gewidmet, die zwischen den Zeilen lesen, das Gedicht wie einen Blumenstrauß für zu Hause pflücken

Meinen Leserinnen und Lesern, die im Garten des Alltags die Vielfalt ertragen, sich dem Unkraut in den Weg stellen. Es nicht platt reden und versiegeln

Die sich nicht zu schade sind, mit bloßen Händen wurzeltief zu graben. Die dem Freizeitjäger, der sich fürsorglich gibt, die Gartentür verschließen, bevor er über Blumen und Pflänzlinge marschiert

„Meine 25 Leser werden wissen..."
Alessandro Manzoni, aus: Die Brautleute, 1827

© Foto: Stefan Rebscher

Katharina Jäschke, 1960 in Nordenham geboren, lebt heute in Wiesbaden. Sie schreibt seit vielen Jahren Lyrik und poetische Kurzprosa, hat in mehreren Antholog en und Zeitschriften und bisher drei Gedichtbände veröffentlicht:

Lebenszeichen (2001), *trink doch die Rosen* (2007) und *Marzipanduft des Paradieses* (2015).

Sie ist Preisträgerin des XI. Literaturwettbewerbs der GEDOK und wurde mehrfach regional ausgezeichnet.

Mehrere Projekte mit Künstlern, zum Beispiel Textbilder im Rathaus Offenbach/Main, „eines langen Tages Reise" im Frankfurt Airport Conference Center und Landschaftsmuseum Seligenstadt, „Kunst im Bus" in Wiesbaden, „Poesie trifft mongolische Lieder", sowie zahlreiche Lesungen mit Musikerinnen.

Sie hat ein Mathematikstudium in Göttingen und eine mehrjährige Ausbildung zur Yogalehrerin BDY/EYU in Kassel absolviert.

Im Internet:
www.yoganachmasswiesbaden.de/einen Luftsprung wagen
www.facebook.com/KatharinaPoesie